shop2002.ch

Das Online-Shop-Verzeichnis der Schweiz

L'annuaire des magasins en ligne en Suisse

innovert

ISBN 3-0344-0012-8

Verlag / Maison d'édition:
Innovert Media, Inh. Patrick Brunner, Grabenstrasse 2, CH-8182 Hochfelden ZH

Herstellung: Books on Demand (Schweiz) GmbH

Auktionen und Marktplätze Ventes aux enchères et marchés 05 - 06

Blumen und Garten Fleurs et jardin 07

Bücher und Zeitschriften Livres et magazines 08 - 11

Bürobedarf und Papeterie Bureau et papeterie 12 - 13

Computer Hard- und Software Matériel et logiciel informatique 14 - 19

Dienstleistungen und Service Services 20

Elektronik und Fotografie Electronique et photographie 21 - 22

Erotik und Sex Erotisme et sexe 23

Fahrzeuge und Zubehör Véhicules et accessoires 24

Familie, Kinder und Haustiere Famille, enfants et animaux 25

Ferien und Reisen Voyages et vacances 26 - 27

Fitness und Wellness Fitness et wellness 28

Geschenke und Souveniers Cadeaux et souveniers 29 - 30

Gesundheit und Kosmetik Santé et beauté 32 - 33

Haushaltsbedarf Articles de ménage 34

Lebensmittel Alimentation 35 - 37

Lifestyle und Unterhaltung Art de vivre et entretien 38

Mode und Accessoires Mode et accessoires 40 - 42

Musik, Video und DVD Musique, vidéo et DVD 43 - 45

Sport, Freizeit und Hobby Sport, loisir et hobby 46 - 48

Telekommunikation Télécommunication 49

Weine und Zigarren Vins et cigars 50 - 51

Auctionline
Alles rund um Occasionen im Computerbereich mit Garantie.
www.auctionline.ch

Auktionskatalog
Briefmarken, Autographen und historische Dokumente.
www.auktionskatalog.ch

AuktionZ / Liquidationsshop
Ersteigern und kaufen Sie Restposten und Konkurs-Artikel.
www.auktionz.ch

Autoguide24
Fahrzeugmarkt für Neuwagen und Occasionsautos.
www.autoguide24.ch

Bigtroc.com
Des milliers d'annonces gratuites en Suisse.
www.bigtroc.com

Blue Post
Blue Post vous propose gratuitement la publication et la consultation en ligne d'annonces.
www.bluepost.ch

BookAuction.ch
Die gebührenfreie Online-Auktion für Bücher.
www.bookauction.ch

eBay
Der weltweite Online-Marktplatz.
www.ebay.ch

Enchere.ch
Le site romand entièrement consacré à la vente aux enchères.
www.enchere.ch

Foodbörse
Der Online-Marktplatz für Fleisch und Weine.
www.foodboerse.ch

InterBulletin.com
Kostenlose Kleinanzeigen und mehr.
www.interbulletin.com

Les-annonces
Petites annonces gratuites.
www.les-annonces.ch

Mac Auktion
Online-Auktion mit Hard- und Software für den Mac.
www.mac-auktion.ch

Magstore.com
Offrez à vos amis la prochaine parution de leurs magazines parmi un choix de plus de 3'500 titres.
www.magstore.com

Marktguide24
Markt für Kleinanzeigen aller Art.
www.marktguide24.ch

Marktplus
Inserate der Südostschweiz.
www.marktplus.ch

Motorradguide24
Motorradmarkt für Roller, Motorräder
und Gespanne.
www.motorradguide24.ch

Netauc.ch
Online-Auktion, teilw. mit Fundsachen.
www.netauc.ch

Occaz.ch
Le site des petites annonces gratuites
en suisse romande.
www.occaz.ch

Online-Auktion.net
Kostenlose Internet-Auktion mit vielen
Schnäppchen.
www.online-auktion.net

Particulier.ch
Un site de petites annonces classées.
www.particulier.ch

Petitesannonces.ch
Le site romand entièrement dédié aux
petites annonces.
www.petitesannonces.ch

Ricardo.ch
Das grösste virtuelle Warenhaus der
Schweiz.
www.ricardo.ch

Sammelsurium
Non-Profit-Online-Auktion für Sammler.
www.sammelsurium.ch

Seeshop24
Regionales Shopsystem für Deutsch-
land, Schweiz und Österreich.
www.seeshop24.com

Shop7.ch
Von Schuhen bis zu CDs finden Sie
Top-Artikel.
www.shop7.ch

Soltime
Feuerzeuge, Modelleisenbahnen,
Uhren, etc.
www.soltime.ch

SuisseRomande.net Annonces
Petites annonces.
www.suisseromande.net/pa

SwissSell
Alle möglichen Sachen kostenlos ver-
steigern.
www.swisssell.ch

Transcom Auktion
Online-Auktion mit diversen Kategor-
ien.
www.transcom-auktion.ch

Trouvez.ch
Les petites annonces gratuites.
www.trouvez.ch

Webauktion.ch
Gratis kaufen und verkaufen.
www.webauktion.ch

Ambiente Blumen
Blumen und Skulpturen mit Expressver-
sand in Zürich und Umgebung.
www.ambiente-blumen.ch

Au Bouquet
Your Swiss flower shop.
www.aubouquet.ch

Blume 3000
Blumenversand in der Schweiz und
Liechtenstein.
www.blume3000.ch

Blumen Bühlmann
Lieferung in der ganzen Schweiz.
www.blumen-buehlmann.ch

Blumen Maarsen
Weltweiter Blumenversand.
www.maarsen.ch

Blumen Oase
Das spezielle Blumengeschäft mit
Online-Shop.
www.blumen-oase.ch/shop

Blumen Wanninger
Moderne, kreative Blumensträusse in
die ganze Schweiz versenden.
www.blumenstrauss.ch

Fleurop-Interflora
Blumen innert Stunden in alle Welt.
www.fleurop.ch

Florissimail
Die frische, schnelle Blumenpost.
www.florissimail.ch

Gartencenter
Alles für den Garten, und über 1000
Pflanzen.
www.pflanzenverkauf.ch

Green Partner
Gartenshop (Pflanzen, Pflege,
Werkzeuge, Möbel, etc.).
www.greenpartner

Hunn
Gartenmöbel aus Holz und Metall
sowie Sonnenschirme.
www.hunn.ch

Leuenberger Blumen
Blumen- und Pflanzencenter.
www.leuenbergerblumen.ch

Marsano
Der Blumenladen am Paradeplatz ZH,
mit Online-Bestellmöglichkeit.
www.marsano.com

Rosenkavalier
Blumenversand im Grossraum Bern.
www.rosenkavalier.ch

Select Samen
Grösster Shop für Pflanzengut, Blu-
men- und Gemüsesamen.
www.select-samen.ch

Tamarhemp and Grow
www.tamarhemp.ch

Teleflor.ch
Blumengrüsse in die Schweiz oder in
die ganze Welt.
www.teleflor.ch

24 heures
Magazin en Suisse romand.
www.24heures.ch

Amazon
Bücher und andere Medien.
www.amazon.ch

Beobachter
Die bekannten Beobachter-Ratgeber
und Buchtipps der Redaktion.
www.beobachter.ch

Betty Bossi
Die Ideenküche.
www.bettybossi.ch

Bilan
Le magazine romand de l'économie.
www.bilan.ch

Blick
Die Boulevard-Zeitschrift online abon-
nieren.
www.blick.ch

Bücher und Musik portofrei bestellen.
www.bol.ch

BookAuction.ch
Die gebührenfreie Online-Auk-
tion für Bücher.
www.bookauction.ch

Books.ch
Über 700'000 Bücher in der Online-
Buchhandlung von Orell Füssli.
www.books.ch

Boom
Das Schweizer Unternehmer-magazin.
www.boom.ch

Brückenbauer
Die Wochenzeitung der Migros.
www.brueckenbauer.ch

Buch.ch
Ihre Buchhandlung im Internet.
www.buch.ch

Buch und Ton
Online-Buchhandlung mit millionen
Buch- und Medientitel.
www.buchundton.ch

Bücher Treff
Die Genossenschafts-Buchhandlung
liefert Bücher in die ganze Schweiz.
www.buecher-treff.ch

Buchhandlung.li
Ihre Buchhandlung in Liechtenstein.
www.buchhandlung.li

Buchhandlung am Untertor
Buchhandlung in Sursee mit Online-
Shop.
www.untertor.ch

Buchhandlung zur Lorze
Über 2 Mio Bücher stehen zur
Auswahl.
www.bzl.ch

Buchhandlung Vulkan
Online-Shop der Buch-handlung
Vulkan in Wil/SG.
www.vulkan.ch

Buch Shopping
Bestellung via Warenkorb. Katalog
des SBZ, einige Themen hervorge-
hoben.
www.buchshopping.ch

Buy.ch
Der Online-Kiosk: Zeitschriften online
bestellen.
www.buy.ch

Construire
L'hebdomadaire Construire édité par
Migros.
www.construire.ch

Culinarium
Koch- und Weinbuchhandlung in Bern.
Mit Bestellformular.
www.culinarium.ch

Directmedia
CD, DVD, Books, Video, Games, Multimedia and more.
www.directmedia.ch

Edipresse SA
La filiale suisse d'Edipresse édite
quatre grands quotidiens et une diza-
ine de magazines.
www.edipresse.ch

Ellipse
Informatique, sciences et gestion.
www.ellipse.ch

Femina
Magazine féminin de société.
www.femina.ch

Film
Das Schweizer Kinomagazin.
www.film.ch

France Loisirs Suisse
France Loisirs est une entreprise active
dans la vente de livres par correspon-
dance.
www.franceloisirssuisse.ch

Freihofer
Die wissenschaftliche Buchhandlung.
www.freihofer.ch

Go West Shop
Deutsch- und englischsprachige indi-
anische Literatur.
Shop.go-west.ch

Jokers.ch
Restseller für alle Schnäppchen-jäger.
www.jokers.ch

Jurilivres
Distribution d'ouvrages juridiques de
droit suisse et étranger.
www.jurilivres.com

Kinderbuchladen
Auswahl für Kinder jeden Alters,
Eltern, LehrerInnen, Bibliotheken:
Bücher, Hörkassetten, Videos, Soft-
ware und Spiele.
www.kinderbuchladen.ch

Ktipp
Das Abo für das grösste Konsumenten-
magazin der Schweiz online bestellen.
www.ktipp.ch

La Tache d'Encre
La boutique de la bande-dessinée.
www.bande-desinee.ch

leCtorat.ch
Des livres pour mieux comprendre
l'économie et la finance.
www.lectorat.ch

Le Livre Audio
Livres francophones sur cassette et sur
CD.
www.lelivreaudio.com

Le Matin
numéro un des quotidiens romands.
www.matin.ch

Lesen.ch
Virtuelle Buchhandlung mit 1,4 Millionen Buchtiteln, Musik und Zeitschriften.
www.lesen.ch

Leserservice.ch
Verschiedene Abos für unzählige
Zeitschriften.
www.leserservice.ch

LibriVita
Bücher für bewusstes Leben: Kosmos
und Naturreiche, Leben und Tod,
Gesundheit und Krankheit, geistige
Hilfen und Meditation.
www.librivita.ch

LibRomania
Deutsche, spanische und französische
Bücher. Bestellung via Warenkorb.
www.libromania.ch

Lüthy
Das Buchhaus mit Büchern zu allen
Themen.
www.booknet.ch

Neue Zürcher Zeitung
Probeabo, Schnupperabo und Jahres-
abo.

OLF
Bücher und Multimedia / Livres et produits multimédia.
www.olf.ch

PC Tip
Die Computer-Zeitung.
www.pctip.ch

Piz Buch & Berg
Buchhandlung für Alpine Literatur,
Vermittlungsstelle für BergführerInnen,
Ausflüge ins Gebirge.
www.pizbube.ch

PresseShop.ch
Probeabos von über 500 Zeitschriften
online bestellen.
www.presseshop.ch

Regenbogen, Chur
Esoterische Literatur von Astrologie bis
Zen-Buddhismus.
www.regenbogen-chur.ch

Rösslitor
Bezahlung per Rechnung oder
Kreditkarte, Lieferung in der Schweiz
gratis.
www.roesslitor.ch

Sankirtan Verein
Bücher über Philosophie und Kultur,
Esoterik und Wissenschaft, Yoga und
Meditation, Ethik und Lebens-
weisheiten.
www.sa-ve.ch

Schmidgasse
Die Buchhandlung Schmidgasse in
Zug.
www.schmidgasse.ch

Das Schweizer Internet-Magazin. Le
magazine Suisse de l'Internet.
www.slash.com.ch

SmartBooks
SmartBooks bringen Sie weiter.
www.smartbooks.ch

Stäheli Interlingua
Materialien zum Lehren und Erlernen
von Fremdsprachen, Zeitschriften,
18000 englische Videos und DVDs.
www.staehelibooks.ch

Stämpfli Verlag
Juristische Bücher.
www.staempfli.com

Stauffacher
Die Welt der Bücher und Multimedia.
www.stauffacher.ch

Studibooks.ch
Bücherbörse für akademische Literatur.
www.studibooks.ch

tamedia:

Abos von Zeitschriften des Verlags
online bestellen.
www.tamedia.ch

Travel Book Shop
Online-Buchhandlung für Reise-bücher.
www.travelbookshop.ch
Tribune de Genève
www.tdg.ch

WELTWOCHE.CH

Das Weltwoche-Magazin online abon-
nieren.
www.weltwoche.ch

Weltbild
Ihre Bücher finden Sie bei uns...
Wieso suchen?
www.weltbild.ch

Zürcher Oberland Buchverlag
Die Bücher zum Online-Kauf.
shop.zol.ch

1A ST-Toner-Shop
Toner, Tinte und Zubehör für Drucker-
und Kopierer zu Tiefstpreisen.
www.stcomputer.ch

1stShop
Wir liefern Inkjet Patronen und Toner-
module / Nous livrons des cartouches
Inkjet et des toners.
www.1stshop.ch

Atoutencre.com
Le broker de la cartouche et du con-
sommable limprimante.
www.atoutencre.com

Buerogummi.ch
60'000 Tiefpreis-Artikel für Büro und
EDV.
www.buerogummi.ch

COMPUTER*EXPRESS*

Computer-Discounter
Führender Computer-
Discounter! Tiefste Preise!
www.computerexpress.ch

Digitoner.ch
Tous les consommables pour vos
impressions à portée de click!
www.digitoner.ch

Druckerpatronen-Shop!
Patronen für Printer bis 50% günstiger!
www.druckermaterial.ch

Interio
Produkte und Katalog mit Online-
Bestellmöglichkeit.
www.interio.ch

Kokatu
Kokatu est spécialisée dans la vente
en ligne de produits d'identification et
de sécurité.
www.kokatu.ch

Markor
Les spécialistes de la bureautique
depuis 30 ans.
www.markor.ch

Memorex
Computer-Zubehör der Marke Memorex.
www.memorex.ch

NRS Printing Solutions
Verbrauchsmaterial, Bürogeräte, Service.
www.nrs.ch

Officepaper.ch
Hochwertiges Print- und EDV-Zubehör.
www.officepaper.ch

Office World
Der Online-Büro-Shop
www.office-world.ch

Papbedarf.ch
Ihr Online Büro-Profi mit über 14'000 Artikeln.
www.papbedarf.ch

Papyrus Bergus
Le pro des papiers et des plotters pour les bureaux techniques.
www.papyrusbergus.ch

Post Philatelie
Der Briefmarken-Shop der Post.
www.post.ch

Printware.ch
Toner, Tintenpatronen und Second Hand EDV-Geräte.
www.printware.ch

Prodimex
Prodimex fournit tous les accessoires et périphériques informatiques.
www.prodimex.ch

Servilec
Servilec est spécialisée dans la fourniture et la maintenance de matériel professionnel.
www.servilec.ch

Sitzsack.ch
Auf Stühlen sitzt man. Auf Sitzsäcken fühlt man sich wohl.
www.sitzsack.ch

SwissMegaByte
80'000 EDV Produkte, 6'000 Lagerprodukte mit 24h Lieferservice.
www.swissmegabyte.ch

Telefonbuch-Shop
Der Telefonbuch-Shop liefert die neuen elektronischen Telefonbücher von TWIX und SWISSCOM umgehend, auch mit 50% WIR-Anteil.
www.telefonbuch-shop.ch

Tintenshop.ch
Kompatible Patronen für Canon, Apple, Epson, HP und Xerox-Geräte zu einmaligen Konditionen. Zum Geld sparen hier klicken.
www.tintenshop.ch

Toner.ch
Toner- und Tintendiscounter.
www.toner.ch

Toner-Shop
Verkauf und Beratung von Druckerzubehör.
www.toner-shop.ch

waser*büro*

Führt das grösste Markenartikel-sortiment der Branche.
www.waserbuero.ch

Webachat.ch
Webachat est une chaîne d'approvisionnement en papeterie et en matériel de bureau.
www.webachat.ch

0-8-15
Grosse Auswahl an Hardware und
Computer von 0-8-15.
www.0-8-15.ch

1A ST-Toner-Shop
Toner und Tinte für Drucker und Kopierer zu Tiefstpreisen.
www.swiss-eshopping.ch/stcomputer

@Printer.ch
Ihr Druckerzubehör günstig und
schnell finden.
www.printer.ch

active-store.com
Erster Leasing- und Mietkaufshop für
Hardware.
www.active-store.com

Amadeus Win-Shop
Online-Shopping; schnell, einfach und
bequem.
www.win-shop.ch

Apple.ch
Der Online-Shop von Apple umfasst
das gesammte Sortiment.
www.apple.ch

ARP Datacon
Versandhandels-Anbieter für EDV-
Produkte.
www.arp-datacon.ch

Baechler Computers
PC-Systems.
www.baechler.ch

Bechtle Comsoft Direct
Online-Shop mit Büro- und EDV-
Artikeln.
www.bechtle.ch

Blättler Computer Service
PC-Systeme, Peripherie und Zubehör.
www.bcs-online.ch

Brack
PC-Komplettsysteme und Einzel-komponenten zu Top-Preisen!
www.brack.ch

Buerogummi.ch
60'000 Tiefpreis-Artikel für Büro und
EDV.
www.buerogummi.ch

Compaq
Sicheres Online-Shopping bei
Compaq.
www.compaqshop.ch

**Computer Broker
Hard- und Software zu Broker-
Preisen.
www.computerbroker.ch**

Dell
Bestellen Sie Ihren Computer im Internet.
www.dell.ch

Der Schweizer Aktion-Shop
Alles Markenartikel und bis zu 40 Prozent günstiger.
www.aktion-shop.ch

Diggelmann
Memory, Harddisks, Kabel, Bildschirme, usw.
www.diggelmann.ch

digital home

Digital Home
Hardware, Software, intelligente Lösungen.
www.digitalhome.ch

Digitec
Der umfangreiche PC-Shop mit Tiefstpreisen.
www.digitec.ch

Dinotronic
Hard- und Softwareprodukte.
www.dinotronic.ch

DM Electronics
Systeme, Software, Peripherie und Hardware.
www.dmschweiz.ch

Dr. Tax
Software zum Thema Steuern online bestellen.
www.drtax.ch

EDV-Shop24.ch
Computer Hard- und Software.
www.edv-shop24.ch

Ellipse
Ellipse demeure le spécialiste des ouvrages consacrés à l'informatique, le management, les sciences et les logiciels
www.ellipse.ch

Fakie
Hardware und Software. Neu und Occasion. Grosses Angebot.
www.fakie.ch

FinSol&T
Online-Shop für Hardware (MaxData-Händler).
www.finsol.ch

FunSales Gameshop
Der günstigste Gameshop der Schweiz!
www.funsales.ch

Game Home
Der Online-Game-Shop von Digital Home.
www.digitalhome.ch/gamehome

Gate21.ch
Grosses Angebot an Software. Portofreie Lieferung.
www.gate21.ch

Gigastore
Die ganze Welt der EDV zu Einkaufskonditionen.
www.gigastore.ch

iBuy.ch
Votre magasin informatique en ligne.
www.ibuy.ch

Infomaniak
Online computer shopping.
shop.infomaniak.ch

Innovative Software
Softwareangebot für KMU und Privatgebrauch.
www.lsz.ch

ITShop.ch
15000 IT-Artikel, Drucker-Zubehör und Memory Shop.
www.itshop.ch

Kauf ich.ch
Hier finden Sie preiswerte Hard- und
Software.
www.kaufich.ch

Lap-Shop
Laptop, Notebook und Organizer.
www.lap-shop.ch

Logiciel.ch
Magasin virtuel de Logiciels en ligne.
www.logiciel.ch

MacCash.ch
Apple-Computer, Software und Zubehör.
www.maccash.ch

MacDirect
Alles für Mac! Hard+Software, RAM,
HD, Occasionen.
www.macdirect.ch

Maximizer
Maximizer, eines der erfolgreichsten
Adress- und CRM-Programme.
www.maximizer.ch

MBC Systems & Support
Verkauf von Hardware und Software.
www.mbcsystems.ch

Memorex
Computer-Zubehör der Marke Memorex.
www.memorex.ch

moDEX
Bürogeräte und EDV-Verbrauchs-mate-
rial.
www.modex.ch

multimedia-shop.ch
Hier finden Sie aktuelle Angebote aus
dem PC-Bereich.
www.multimedia-shop.ch

Notebook Online-Shop
Notebooks und Zubehör von Spezial-
isten.
www.portable.ch

NTV NewTec Vision
Online-Shop für Computer Hard- und
Software sowie Zubehör zu Nettopre-
isen.
www.ntv.ch

Online4you
Fachshop für Computer und
Unterhaltungselektronik.
www.online4you.ch

Outserv GmbH
Verkauf Drucker + Service Drucker,
Kopierer, Faxe.
www.outserv.ch

Overclocker Shop
Spezial PC Zubehör, zB. CPU-Kühler,
Schalldämpfung.
www.futurepc.ch

Palm-Shopping
Alle Modelle des beliebten Handhelds
und umfangreiches Zubehör.
www.palm-shopping.ch

PC-Shop24.ch
Markenartikel und Schnäppchen, mit ausführlichen Informationen, zu Hammer-Preisen.
www.pc-shop24.ch/shop

Pearl
Versandhaus für Computer-zubehör, Software und Drucker-Patronen.
www.pearl.ch

PCP.CH
Hardware und Komplettsysteme zu günstigen Preisen.
www.pcp.ch

Printer-Shop.ch
Umfangreiches Angebot an Druckern, Scannern und Digital-kameras, etc.
www.printershop.ch

Promise ATA RAID Products
Marktführer in dieser Produktekategorie.
www.promise.ch

Prozessortuning
Kühler, Netzteile, Mainboards, Lüfter, Kabel, etc.
www.prozessortuning.ch

Psion Shop
Alles rund um Psion-Organizer.
www.psionshop.ch

Racher AG
Tintenpatronen, Toner, Daten-träger, Medien und Laminate.
www.racher.com

Screen shots

www.computerexpress.ch

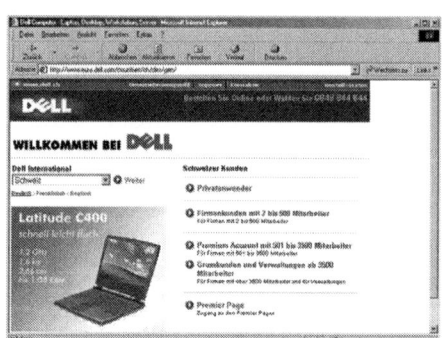

www.dell.ch

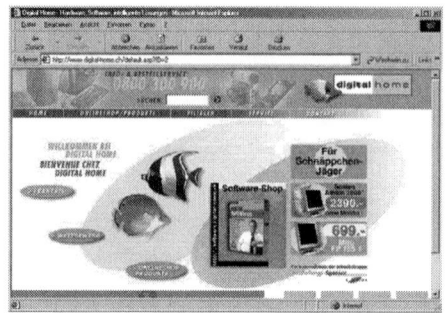

www.digitalhome.ch

Rufshop.ch
8500 EDV-Markenartikel zu absoluten Tiefpreisen!
www.rufshop.ch

Software4Bananas
Grosses Angebot an PC- und Mac-Software zu fairen Preisen.
www.software4bananas.com

Speed PC
Komplettsysteme und Einzel-komponenten.
www.speedpc.ch

Steg Computer
Hard- und Software für Ihren Computer.
www.stegcomputer.ch

Swiss Components & Computers
Vente online de produits informatiques, bureautique, etc.
www.scc-shop.ch

SwissMegaByte
80'000 EDV Produkte, 6'000 Lagerprodukte mit 24h Lieferservice.
www.swissmegabyte.ch

The Portable Shop
Notebooks, Handhelds / Mobile Kommunikation.
www.portableshop.ch

Top D
Get more computer for less money.
www.topd.ch

Tucom Computer
PC-Komponenten und Komplett-systeme zu fairen Preisen.
www.computer-hardware.ch

Utilis-Shop
Die erste Adresse für Computer aus zweiter Hand.
www.utilis.ch/shop/shop.htm

UTM EDV Discount
Hardware, Software, Haushalt. Rabatt ab drei Artikel!
www.utm.ch

Veuve
Computersysteme nach Mass.
www.veuve.ch

WaserEasy
Über 500 Bestseller-Artikel aus dem PDA-Bereich.
www.wasereasy.ch

Web-Studio Caspar
Bestellen Sie Netzwerk- und Security-Tools online.
www.web-studio.ch

Webtempel E-Shop
Hardware, Software und Co.
www.webtempel.ch

World of Games
Die topaktuelle Schweizer Webseite für den Spielefan.
www.wog.ch

Blacksocks
Das Socken-Abo befreit von Socken-
Sorgen!
www.blacksocks.com

**Computer-Discounter
Führender Computer-
Discounter! Tiefste Preise!
www.computerexpress.ch**

Feuerwerk-Shop
Der Online-Shop für sämtliche Arten
von Feuerwerk.
www.feuerwerk-shop.ch

Gastro-Technik
Für den optimalen Unterhalt Ihrer GIF-
Lüftungsdecke.
shop.gastrotechnik.ch

Hach AG
Grösste Versenderin von Werbe- und
Geschenkartikel.
www.hach.ch

Keller Fahnen AG
Fahnen, Promotionartikel, Verkaufs-
förderungskonz.
www.kellerfahnen.ch

Jutzi+Thomet
Die beste Lösung Ihrer Einrichtungs-
Wünsche!
www.bernshopping.ch/jutho

OfficeTrends
Bürobedarf, Werbemittel, Promotion.
www.officetrends.ch

Stoffel AG
Für den optimalen Betrieb Ihrer Lüftung-
sanlagen.
shop.stoffelag.ch

Synet GmbH
Beratung und Dienstleistungen
für Informatik.
shop.synet.ch

Unterhosen-Abo
Der Online-Abodienst für Unterhosen.
www.unterhosen-abo.ch

Azone
Unterhaltungselektronik, Handies,
Games und Software.
www.azone.ch

Buchmann Direct Electronics
Digital Video, Foto zu Tiefstpreisen mit
Beratung.
www.buchmann.ch

Conrad
Europas führendes Versand-handelsun-
ternehmen für Elektronik und Technik.
www.conrad.ch

Coop Online-Fotoservice
Echte Fotos von Ihren digitalen Bil-
dern!
fotoservice.coop.ch

Electronic-Shop.ch
Online-Shop mit riesieger Auswahl an
Elektronikprodukten.
www.electronic-shop.ch

Eschenmoser
Immer die neusten Markengeräte.
www.eschenmoser.ch

Fischer HiFi
Verkauf und Versand von Unterhaltungselektronik.
www.fischerhifi.ch

foto video plus / ebikon
Ihr Partner für Foto, Video und Multimedia.
www.fotovideoplus.ch

Fust
Tiefpreisgarantie und Umtauschrecht
in allen Fust-Filialen.
www.fust.ch

Foto-Shop
Digitale Kameras.
www.foto-shop.ch

GoMediaShop.ch
Votre détaillant online en électronique
et informatique.
www.gomediashop.ch

Hubacher HiFi
Homecinema, TV, Video, Car-HiFi, etc.
www.electronicnews.ch

Interdiscount
Bringt Leben in die Bude.
www.interdiscount.ch

Screen shots

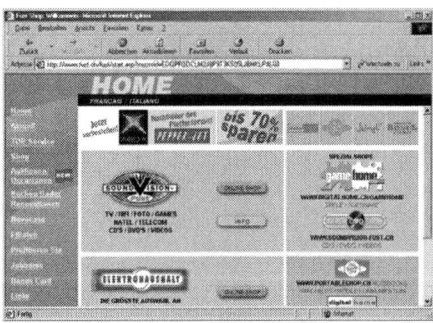

www.fust.ch

Kropf Multimedia
Fotografie, Unterhaltungselektronik
und Computer.
www.kropf.ch

Manor
Das Warenhaus auch im Internet.
www.manor.ch

Media Store
Die günstigsten Preise für Radio, TV,
HiFi, Foto.
www.mediastore.ch

Minipreis
Unterhaltungselektronik zum Minipreis.
www.minipreis.ch

PixelNet
Ihr Spezialist für komfortables
Online-Foto-Management.
www.pixelnet.ch

Screen shots

www.interdiscount.ch

Playstation
Online-Einkauf von Zubehör für die
Playstation.
ch.playstation.com

Preisinsel
Verkauf von Unterhaltungselektronik
aller Marken.
www.preisinsel.ch

RadioPhone
Discounter für Handys, Autoradio,
HiFi, TV, Video.
www.radiophone.ch

Rediffusion
Online-Shop von Rediffusion.
www.rediffusion.ch

Sonderverkauf.ch
Der Internet-Discounter für Welt-
marken.
www.sonderverkauf.ch

Soundwerk
HiFi, Licht und Bühnentechnik, TV,
Video, Audio und Satellitenempfang
sowie DJ-Shop.
www.soundwerk.ch

Trends & News
Computer-Reparaturen, Radio, TV,
HiFi, Video, DVD.
www.trendsandnews.ch

UE@MEDIA Versand
Unterhaltungselektronik, Hifi, Fernse-
her, Video, Digitalcam, zu Vorzugskon-
ditionen.
www.uemedia.ch

Dessous Shopping
Erotische Dessous im Internet bestellen.
www.dessous-shopping.ch

DVD24
Der Online-Shop für Erotik-DVDs.
www.dvd24.ch

Erotictrends
Der Erotik-Shop von Blick Online.
www.blick.ch

Erotika Versand
Fast alles was Ihr Liebes-Herz begehrt, für Sie und für Ihn.
www.erotika-versand.ch

Erotik Boutique
Erotik-Artikel für Sie und Ihn, Videos, Live-Cams, etc.
www.erotik-boutique.ch

Erotikshop24.ch
Riesiges Angebot an Erotikartikeln, die Sie diskret, sicher und einfach online bestellen können.
www.erotikshop24.ch

Erotikzenter
Erotikartikel für Sie und Ihn.
www.erotikzenter.ch

Paradise of Shirley
Online Lingerie Shop mit exklusiven Lingerie und Dessous Produkten exklusiver Art direkt aus Amerika. Die Auswahl wird Sie begeistern !!!
www.loveboat.ch

Peepstore
Online-Erotik-Shop mit DVD, Video, CD-ROM, etc.
www.peepstore.ch

Praeser.ch
Grosse Auswahl an Kondomen und Zubehör.
www.praeser.ch

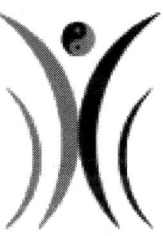

Tantra-Shop
Der führende Online-Shop zum Thema Tantra und mehr...
www.tantra-shop.ch

Sexual Lockstoffe
Pheromone - Der Lockstoff der Liebe! Für Mann und Frau.
www.sexual-lockstoffe.ch

Xenusa
Neben persönlicher Beratung bietet Xenusa Ihnen Informationen und Produkte rund um das Thema Erotik und Sexualität.
www.xenusa.com

AMAG-Boutique
Accessoires von VW, Seat, Skoda, Audi und Porsche.
www.amag-boutique.ch

Autobox.ch
Marktplatz für Autos aller Art.
www.autobox.ch

Autoo.ch
Die Schweizer Auto-Occasionsmärkte auf einen Klick.
www.autoo.ch

AutoScout24
Grosse Autodatenbank mit zusätzlichen Informationen zum Thema Automobil.
www.autoscout.ch

CarWeb
Fahrzeugmarkt für Neuwagen und Occasionsautos.
www.carweb.ch

BikeWeb
Motorradmarkt für gebrauchte Motorräder/Roller.
www.bikeweb.ch

Egli Online-Shop
Hier gibt es Bikes und mehr.
www.egli-shop.com

Fahrzeugpool
Schweizerische Occasionsbörse für Fahrzeuge.ch
www.fahrzeugpool.ch

Mailpoint-Mofateile
Online-Shop für Rollerteile.
www.mailpoint.ch

Netcar
Online-Markt für Autos und Motorräder mit Routenplaner und Staukarte.
www.netcar.ch

Power-Bike
Technik, Zubehör und Bekleidung.
www.power-bike.ch

Tool Store
Online-Shop für Werkstatt- und Garageneinrichtungen.
www.tool-store.ch

Tuner.ch
Grösster Schweizer Autozubehör-Katalog und Online-Shop.
www.tuner.ch

Search11.ch
Fahrzeugchannel mit zehntausenden von Inseraten.
auto.search11.ch

Baby24.ch
Plüschtiere, Baby-Funk und weitere Baby-Artikel.
www.baby24.ch

Barbapapa
Voici venir les Barbapapa... Plus de 2 h.00 de délicieux souvenirs en vidéo.
www.romandie.com/barbapapa

Bastelfun.ch
Diverses Bastelmaterial mit Tipps und Ideen.
www.bastelfun.ch

Bastelshop Chur
Alles, was das Bastlerherz begehrt.
www.bastelshop-chur.ch

Biarom
Bio-Tierpflegeprodukte, patentiertes Wirkungssystem.
www.biarom.ch

Das Spiel
Grosse Auswahl an Spielwaren und Geschenkeideen.
www.dasspiel.ch

Der virtuelle Zoofachhandel
Die Nr. 1 für Haustierbedarf und Pferdesport.
www.qualipet.ch

Dogdog Hauslieferdienst
Hauslieferung von Hunde- und Katzenfutter in Winterthur und Umgebung.
www.dogdogfud.ch

Holznase
Holzspielwaren müssen nicht teuer sein.
www.holznase.ch

Koi-Shop
Shop für Koi, Futter und Teichzubehör.
www.koi-shop.ch

Manor
Das Warenhaus auch im Internet.
www.manor.ch

Playmais
Playmais ist lustig, farbig, ungiftig und umweltfreundlich.
www.playmais.ch

Vet-Shop
Tiernahrung, Pflege und Zubehör.
www.vet-shop.ch

Vogelwarte
Online-Shop der schweizerischen Vogelwarte.
www.vogelwarte.ch

Youkee.com
Le shop en ligne de vos animaux de compagnie.
www.youkee.com

Zoo Roco
Zoofachgeschäft für Hunde, Katzen, Vögel, Nager, etc.
www.zooroco.ch

Zooshop
Tiergerechte Artikel für Haustiere.
www.zooshop.ch

AMAG-Boutique
Accessoires von VW, Seat, Skoda,
Audi und Porsche.
www.amag-boutique.ch

Avis
Mietwagen von Avis online weltweit
reservieren.
www.avis.ch

Blick Online
Imholz-Reisen über Blick Online
buchen.
www.blick.ch

Club Med
Le site du Club Med pour réserver le
lieu de ses prochaines vacances.
www.clubmed.com

Cruise Line
Direktverkauf von Kreuzfahrten und
Flussreisen hoher Qualität.
www.cruiseline.ch

Easyjet.com
Fliegen Sie mit den günstigeren
Tarifen. / Envolez-vous aux meilleurs
tarifs.
www.easyjet.com

Pauschal-Arrangements für 900 Rei-
seziele online buchen.
www.ebookers.ch

Europcar
Mietwagen von Europcar im Internet
reservieren.
www.europcar.ch

Helvetic Tours
Online-Buchung von Last Minute-Ange-
boten.
www.helevtictours.ch

Hertz
Mietwagen von Hertz online reservieren.
www.hertz.ch

Hotelplan
Die schönsten und beliebtesten
Feriendestinationen.
www.hotelplan.ch

Interhome
Grösster Ferienwohnungs-Vermittler
Europas.
www.interhome.ch

Imholz
Badeferien und Last Minute online
buchen.
www.imholz.ch

KLM Royal Dutch Airlines
Direktverkauf mit verbilligten Internet-Tarifen.
www.klm.ch

Kuoni
Ferien, in denen Sie alles vergessen.
www.kuoni.ch

Landkarten-Shop
Internationales Landkarten-programm.
www.landkarten.ch

Screen shots

www.myswitzerland.com

www.avis.ch

Lufthansa InfoFlyway
Buchung von Flügen und Versteigerungen.
www.lufthansa.ch

Online-Reservation für Hotels in der Schweiz (auch Last Minute).
www.myswitzerland.com

Railtour
Buchen Sie bei Railtour direkt via Internet.
www.railtour.ch

SBB CFF FFS

Billette online bestellen.
Commandez online des billets.
www.sbb.ch / www.cff.ch

SprachReiseZentrale
99 Sprachschulen, verteilt auf fünf Kontinente.
www.srz.ch

Swisshotels.ch
Die Hotelbuchungs-Plattform des Schweizer Hotelier-Vereins (SHV).
www.swisshotels.ch

Travel Book Shop
Online-Buchhandlung für Reise-bücher.
www.travelbookshop.ch

Body-Life
Fitnessgeräte, Sportnahrung, Beratung…
www.body-life.ch

Bolliger Schuhe + Sport
Sportgeräte diverser Marken.
www.hammer-shop.ch
www.horizon-shop.ch
www.kettler-shop.ch
www.tunturi-shop.ch

Fitnessfood
Nahrungsergänzung, Aufbau-präparate, Energie und Vitamine.
www.fitnessfood.ch

Fittrade
Online-Shop für Fitnessgeräte aller Art.
www.fittrade.ch

Love Butterfly
Anregende Massageöle, Essenzen und viele andere schöne Dinge.
www.love-butterfly.ch

Mentalis
Musik, Mentaltraining, Märchen und Geschichten.
www.mentalis.ch

Oxywell-Shop
Sauerstoff zum Trinken.
www.oxywell-shop.ch

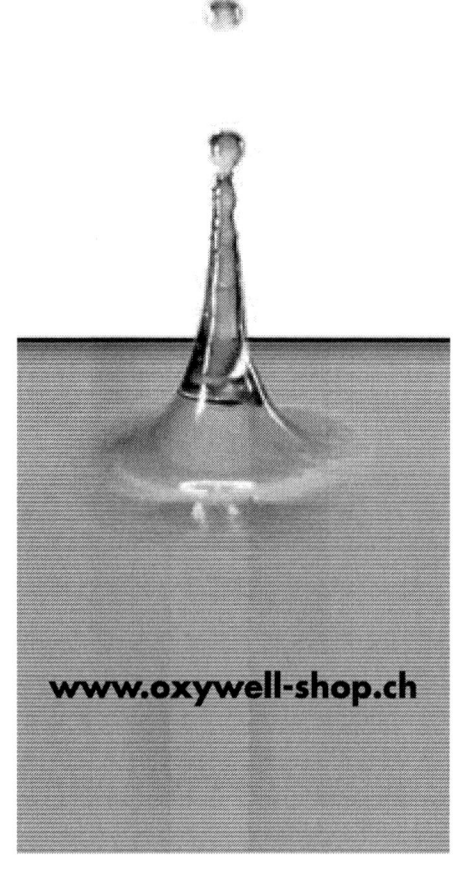

Alrodo
Alle bekannten Parfums der Welt.
www.alrodo.ch

AMAG-Boutique
Accessoires von VW, Seat, Skoda,
Audi und Porsche.
www.amag-boutique.ch

Bärner Burechorb
Ein Geschenkkorb voller Köstlichkeiten
vom Bauernhof.
www.burechorb.ch

Bonjour-Soleil
Südfrankreich online. Wein, Oliven,
Calissons...
www.bonjour-soleil.ch

BookAuction.ch
Die gebührenfreie Online-Auktion für
Bücher.
www.bookauction.ch

Burri Glas
Mundgeblasene Geschenkartikel aus
Glas.
www.burriglas.ch

Cadeau.ch
Cadeau.ch offre une sélection du
moment d'idées cadeaux originales.
www.cadeau.ch

Chocogramm
Weltweiter Versand feinster Pralinen.
www.chocogramm.ch

COMPUTER*EXPRESS*

**Computer-Discounter
Führender Computer-
Discounter! Tiefste Preise!
www.computerexpress.ch**

Confiserie Speck
Feinste Confiserie-Spezialitäten, seit
1895.
www.speck.ch

EPA
Über 100 Marken-Parfums.
www.epa.ch

Flutlicht
Shopping-Mall mit 40 designorienti-
erten Shops.
www.flutlicht.ch

Funschilder
Online-Shop für Dein persönliches Fun-
schild.
www.funschilder.ch

Geschenkkorb.ch
Exklusive Geschenkideen für jeden
Anlass.
www.geschenkkorb.ch

Hamaca.com
Handgewobene Hängematten aus
Südamerika.
www.hamaca.com

Heimatwerk.ch
Schweizer Kunsthandwerk und
Geschenke.
www.heimatwerk.ch

International Star Registry
Taufen Sie einen Stern! Ein
himmlisches Geschenk.
www.sterne.ch

KDO
Cadeaux d'affaires et objets publici-
taires.
www.micr-kdo.com

MAÎTRE CHOCOLATIER SUISSE
DEPUIS 1845
Lindt Online Geschenk-Service
Pralinés weltweit verschenken. Einfach
und schnell.
www.lindt.com

OfficeTrends
Bürobedarf, Werbemittel, Promotion.
www.officetrends.ch

Praktikus Versand
Über 500 einzigartige und exklusive
Geschenkideen.
www.praktikus.ch

Sweetart.ch
Weltweiter Versand von Schokolade-
Glückwunschkarten.
www.sweetart.ch

Swissbon.ch
Verschenken Sie Geschenkgutscheine
von über 150 Firmen.
www.swissbon.ch

The Sharper Image
Neue und faszinierende Geschenkideen aus aller Welt.
www.sharperimage.ch

Topangebot Online-Shop
Der Geschenkeshop für Klein und
Gross.
www.topangebot.ch

TopShop24.ch
Der Shop mit den vielen Marken.
www.topshop24.ch

TrendShop.ch
Der Shop mit der Geschenki-
dee.
www.trendshop.ch

WeNet.ch
Trachtenmode, Gastro und Hotel,
Landhaus, Souvenirs.
www.wenet.ch

BILDERSHOP

www.bildershop.ch

Aldoro
Alle bekannten Parfums der Welt.
www.alrodo.ch

Brillenparadies
Kontaktlinsenpflegemittel online bestellen.
www.brillenparadies.ch

Collège de naturologie
Magasin d'articles en rapport avec la naturologie et son enseignement.
www.naturopathie.ch

Condom Shop
Kondome aller Marken und Variationen.
www.condomshop.ch

Cosmetic-Shop.ch
Umfangreiches Sortiment an qualitativ hochwertigen Kosmetik-produkten zu vernünftigen Preisen.
www.cosmetic-shop.ch

Eyes.ch
Riesige Auswahl an Kontaktlinsen-pflegemitteln.
www.eyes.ch

FitForum
Alles für Fitness und Gesundheit.
www.fitforum.ch

Guarana Swing
Natural energy online.
www.guaranaswing.com

HEDO
Legen Sie Wert auf Wohlbefinden und Vitalität?
www.hedo.ch

Impus Artho
Drogerie Parfumerie.
www.arthomeilen.ch

Just a perfect day
Handgemachte Seifen und luxuriöse Badezusätze aus pflanzlichen Rohstoffen und ätherischen Ölen.
www.perfectday.ch

Kontaktlinsenversand
Kontaktlinsen und Pflegemittel.
www.klv-shop.ch

Kondom Abo
Kondome im Abonnement.
www.kondomabo.ch

Kosmetix
Virtueller Kosmetik-Shop.
www.kosmetix.ch

Lido-Markt
Heimliefer-Supermarkt mit Drogerie und Blumen.
www.lidomarkt.ch

Manor
Das Warenhaus auch im Internet.
www.manor.ch

Medizin-Shop
Medizinische Geräte zur Prophylaxe
u. Kontrolle Ihrer Gesundheit, CDs,
Videos.
www.medizin-shop.ch

Mein-Laden.ch
Aphoteke, Drogerie, Parfümerie, Foto,
Inkontinenz.
www.mein-laden.ch

Men's Beauty Shop
Hier findet der Mann alles für seine
Körperpflege.
www.mensbeautyshop.ch

Natural Cosmetics
Natürliche Kosmetikprodukte.
www.naturalcosmetics.ch

Naturgesund
Naturheilmittel, Hausspezialitäten und
Trends.
www.naturgesund.ch

Präser Online-Shop
Alles rund ums Kondom.
www.praeser.ch

ProNatur
Naturkosmetik nach ayurvedischem
Wissen für Körper und Seele.
www.pronatur.ch

Salon Menzi
Kosmetikprodukte der Firma "Matis"
Paris.
www.salonmenzi.ch

SC Vertriebs GmbH
Tierversuchsfreie Kosmetik.
www.st-clou.ch

Skin Care Kosmetik Institut
Produkte von Matis (Paris) und QMS.
www.skincare.ch

Superina GmbH
Bioferm - Ein natürliches Haarpflege-
programm.
www.superina.com

Tao Trade
Europas führender Hersteller von Mas-
sagetischen.
www.taotrade.ch

Targetpharm
Der Online-Shop für gesunde
Produkte.
www.targetpharm.ch

Therapieversand
Onlineshop für Therapieartikel.
www.therapieversand.ch

Urbach Contactlinsen
Kontaktlinsen und Pflegemittel online
bestellen.
www.urbach-contactlinsen.ch

Welldro
Naturheilmittel Online-Shop
www.welldro.ch

www.optik24.ch
Optikversand.
www.dischoptik.ch

Coop Heizöl-Shop
Heizöl online bestellen und Super-
punkte sammeln!
www.coop-heizoel.ch

Hase Öfen AG
Nützliches Zubehör für Öfen und
Grille.
www.hase.ch/shop

Held AG
Ökologische Wasch- und Reinigungs-
mittel.
www.held-clean.ch

Tenera AG
Innovative Haushaltsartikel.
www.tenera.ch

Flutlicht
Shopping-Mall mit 40 designorienti-
erten Shops.
www.flutlicht.ch

Frankenshop.ch
Haushaltsartikel und vieles mehr - alles
für 9.90
www.frankenshop.ch

Ikea Home Shopping
Ehrliches Design zu aufrichtigen Preisen.
www.ikea.ch

Innside Licht + Wohnen
Designer Möbel, Lampen und Wohnbedarf.
www.innside.ch

Möbel Pfister
Ein Teil des Sortiments kann online
bestellt werden.
www.moebelpfister.ch

Mobitare
Wo die Trends wohnen. Möbel und
Einrichtungen.
www.mobitare.ch

Nettoshop
Staubsauger, Luftbefeuchter, Ventila-
toren, Bügeleisen, etc.
www.nettoshop.ch

Shop Appenzell
Spezialitäten aus Appenzell und vieles
mehr.
www.shop24appenzell.ch

Shop Bern
Verschiedene regionale Spezialitäten.
www.shop-bern.ch

Shop St. Gallen
Shop mit Spezialitäten und allerlei aus
dem Kanton St. Gallen.
www.shop-stgallen.ch

Wohnbedarf
Wohn-Accessoires.
www.wohnbedarf.ch

inspired by taste
USA-gourmet.com

Amerika, eine kulinarische Entdeck-
ung. Feinste Spezialitäten aus Nord-
Amerika und Kanada.
www.usa-gourmet.com

Austrian Wine
Weine und Spezialitäten aus Österreich.
www.austrianwine.ch

Bauernhof.ch
Die Seiten für Konsumenten und
Produzenten.
www.bauernhof.ch

Beerculture.com
Der virtuelle Biermarkt mit über 225
Premiumbieren.
www.beerculture.com

Bioprodukte ab Bauernhof
Natura-Beef, Kartoffeln und Freiland-
Eier ab Hof.
www.imhecht.ch

Bols-Cynar-Ballantines
Whisky, Cognac, Gin, Aperitiv,
Liqueurs, Champagner usw.
www.bcb.ch

Bonjour-Soleil
Südfrankreich online. Wein, Oliven,
Calissons...
www.bonjour-soleil.ch

Candy.ch
Süsse Geschenke: Konditorei Spezialitäten, Truffes, Torten...
www.candy.ch

Chocolaterie Settler
Schokoladespezialitäten und Pralinen
online bestellen.
www.chocolaterie-settler.ch

Confiserie Bachmann
Versand von Pralinés und
Schokoladespezialitäten.
www.confiserie.ch

Confiserie Speck
Feinste Confiserie-Spezialitäten, seit
1895.
www.speck.ch

Confiserie Tschirren
Weltweiter Versand verschiedener
Truffes-Sorten.
www.swiss-chocolate.ch

Coop Supermarkt
Auswahl aus 3500 Produkten des
täglichen Bedarfs.
shop.coop.ch

Cremino
The online stor for your coffee needs.
www.cremino.com

Crest
Feinbäckerei, Konditorei, Cinfiserie.
www.crest.ch

Franz Fricker
Ausgewählte Gourmet-Spezialitäten.
www.franzfricker.ch

Heidis Cherries
Confiture, sirop, griottes macérées
dans du kirsch, etc.
www.heidis-cherries.ch

HerbAnJol
Frisch hergestellte Produkte aus
Kräutern.
www.herbanjol.ch

Janett
Bio-Hof im Engadin.
www.janett.ch

Das nenn' ich Einkaufen.
www.leshop.ch

Läckerli Huus
Weltweiter Versand von Basler Leckerli
in unzähligen Variationen.
www.laeckerli-huus.ch

Lido-Markt
Heimliefer-Supermarkt mit Drogerie
und Blumen.
www.lidomarkt.ch

Lienert
Amaretti, Truffes und weitere Spezialitäten.
www.lienert.ch

Manor
Das Warenhaus auch im Internet.
www.manor.ch

**MIGROS
-shop.ch**
Migros Online-Shopping
Der Online-Shop der Migros.
www.migros-shop.ch

MISR
Der Online-Shop mit orientalischen
Produkten.
www.misr.ch

Powerfood.com
Kraftriegel, Vitamine, Mineralien, Pro-
teine, Aminosäuren, etc.
www.powerfood.com

Prima Olivia
Der Einkaufstipp für Fein-schmecker:
Delikatessen, Kaffee, Accessoires und
Geschenke.
www.primaolivia.ch

Roggwiller
St. Galler Biber- und Schokolade-spe-
zialitäten.
www.roggwiller.ch

Spezialitaet.ch
Plattform für Schweizer Spezialitäten.
www.spezialitaet.ch

RSL·SEILER

RSDLZ Online-Shop
Shopping Center für den täglichen
Einkauf.
www.rsdlz.com

Schoggi.ch
Versand von Pralinen und
Schokoladespezialitäten.
www.schoggi.ch

Schulz
Schokoladespezialitäten und Aar-
gauer Rüeblitorte.
www.schulz.ch

Sonne-Beck
Schokoladen Spezialitäten, Konfekt,
Linzertorten.
www.sonne-beck.ch

Spar Online-Shop
Bei uns steht Ihnen eine grosse
Auswahl an über 2'500 Artikeln inklu-
sive Frischprodukte zur Verfügung.
www.spar.ch

Sprüngli
Weltweiter Versand feinster
Schokoladespezialitäten.
www.spruengli.ch

Suteria
Pralinés, Truffes und Solothurner Torte
online bestellen.
www.suteria.ch

Sweet Diamonds
Mit Frischrahm hergestellte, tief-
gekühlte Truffes.
www.sweetdiamonds.ch

Swiss Cheese Online
Your one-stop cheese resource for all
your swiss cheese needs.
www.swisscheeseonline.com

Tee Paradies
Grosses Angebot an Tee-Sorten und
Tee-Zubehör.
www.teeparadies.ch

Tiefkühlservice
Über 200 Tiefkühlprodukte frei Haus
geliefert.
www.tiefkuehlservice.ch

Vegan Center
Sojaschnitzel, Reismilch, Vegikäse, Ei-
Ersatz usw.
www.vegan-center.ch

Vinoversum
Delikate Essige, kaltgepresste Öle und
italienische Spezialitäten.
www.vinoversum.ch

Wellauer
Versand hausgemachter Thurgauer
Spezialitäten.
www.wellauer-sweet.ch

Bella Casa
Zeitlos schönes Design für Haus und
Herd.
www.bellacasashop.com

Bildershop
Grosse Auswahl an kleinformatigen
und gerahmten Orginal-Bildern.
www.bildershop.ch

Blick Online Gameshop
Der Gameshop von Blick Online.
www.blick.ch

Diddl Shop
Alles von der kultigen Diddl-Maus, von
Tassen bis zum Riesen-Diddl.
www.diddl-shop.ch

Elvis Presleys Graceland
Fan-Shop mit vielen Elvis-Artikeln.
www.elvis-presley.ch

Flutlicht
Shopping-Mall mit 40 designorienti-
erten Shops.
www.flutlicht.ch

Freixenet Shop
Ihr Shop für exkl. Freixenet-Werbeart-
ikel.
www.freixenet.ch

Kunsthaus Zürich
Der Online-Shop des Kunsthauses ZH.
shop.kunsthaus.ch

Game Home
Der Online-Game-Shop von Digital
Home.
www.digitalhome.ch/gamehome

Harry Potter
Online-Shop mit Artikeln für Harry Pot-
ter-Fans.
www.potter.ch

Newstuff
Neuheiten, Werbegeschenke, etc.
www.newstuff.ch

Ob Post Rucksack, Citybag oder das
tolles Badetuch, alles im Postshop.
www.post.ch

Ticket Corner
Der meistgenutzte Schweizer Online-
Shop.
www.ticketcorner.ch

TrendShop.ch
Der Shop mit der Geschenki-
dee.
www.trendshop.ch

WeNet.ch
Trachtenmode, Gastro und Hotel,
Landhaus, Souvenirs.
www.wenet.ch

2xist Underwear
Sportliche Herrenunterwäsche direkt
aus Amerika.
www.2xist.ch

Al Ferano
Hemden nach Mass.
www.alferano.ch

Allbasic.com
Hemden, Kravatten und Socken für
den Geschäftsmann.
www.allbasic.com

AMAG-Boutique
Accessoires von VW, Seat, Skoda,
Audi und Porsche.
www.amag-boutique.ch

BeachBeach Swimwear
Bade- und Strandmode für Damen,
Herren und Kinder.
www.beachbeach.com

Beluso
Echte Schweizer Produkte zu fairen
Konditionen.
www.beluso.ch

Blackout
Modische Bekleidung für Sie und Ihn.
www.blackout.ch

Blacksocks
Das Socken-Abo befreit von Socken-
Sorgen!
www.blacksocks.com

Bühlmann Online Optik
Brillen anprobieren mit witzigem
Phantombildprogramm.
www.onlineoptik.com

Bustamente
Ausgewählter Silberschmuck von
Sergio Bustamente.
www.bustamente.ch

Fesch & Pfundig
Mode für Mollige.
www.fesch-pfundig.ch

Flutlicht
Shopping-Mall mit 40 designorienti-
erten Shops.
www.flutlicht.ch

Grüezi Shop
Fun and affordable Swiss quality wrist
watches.
www.gruezishop.ch

Jeans Factory Aarberg
Einer der grössten Jeans-Shops der
Schweiz.
www.jfa.ch

Jelmoli
The House of Brands.
www.jelmoli.ch

Kurt Aeschbacher & Co
Kompetentes Designer Accessoires-
Fachgeschäft.
www.kurtaeschbacher.ch

LEMO Schuhversand
Schuhe online bestellen - Versand seit
1926.
www.shoeclick.ch

Locoma
Der Strumpf-Shop der besonderen Art.
www.locorna.ch

Luminox
Armbanduhren mit hochtechnolo-
gischem Beleuchtungskonzept.
www.luminox.ch

MANstore
Unterwäsche für Guys.
www.manstore.ch

ModeNet
Das Schweizer Modeverzeichnis.
www.modenet.ch

Montre Sbarro
Innovative Designer-Uhren von Franco
Sarro.
www.montresbarro.ch

My Way
Markenmode für Sie und Ihn.
www.myway.ch

New Look
Présentation des boutiques, catalogue
d'articles.
www.new-look.ch

Nikos Underwear
Exklusive Nikos-Underwear für Ihn.
www.underwear-shop.ch

Nue.ch
Label _Suy Ky Lim.
www.nue.ch

Olaf Benz
Sportliche Herren-Unterwäsche.
www.olafbenz.ch

OnlineTies.com
Le grand spécialiste suisse de la vente
de cravates sur Internet.
www.onlineties.com

Pashmina Schals
Pashmina Schale, weicher und
anschmiegsamer als Kashmir.
www.pashminaschal.ch

Poljot
Russische Uhren online bestellen.
www.poljot.ch

Priwear
Dessous, die jede Frau verzaubern.
www.priwear.ch

Mode für die ganze Familie.
www.quelle.ch

ReWatch
Bestellen Sie die patentierte Recycling-
Uhr im Internet.
www.rewatch.ch

Rips
Herrenunterwäsche.
www.rips.ch

Rolf Knie Shop
Der Rolf Knie Shop.
www.rolfknieshop.ch

Skiny Lifestyle Bodywear
Bodywear für Sie und Ihn von Skiny.
www.skiny-shop.ch

Sockenshop
FALKE-Sockenshop mit grosser
Auswahl.
www.sockenshop.ch

Socken-Shop.com
Socken, Strümpfe und Strumpf-hosen.
www.socken-shop.com

Spengler
Mode für junge Leute.
www.spengler.ch

Sportbekleidungs-Shop
Marken-Sportbekleidungsshop.
www.bekleidungs-shop.ch

Sterneföifi
Neues Schweizer Label für Sweatshirts
und T-Shirts.
www.sterne5.ch

Stiletto
High Heels bis Grösse 45.
www.stiletto.ch

Sunoptics
Sonnenbrillen versch. Hersteller.
www.sunoptics.ch

Switcher-Shop
Switcher Sport- und Freizeit-beklei-
dung.
www.switcher-mode.ch

Vögele Shoes
Günstige Damen-, Herren- und Kinder-
Schuhe.
www.voegele.com

WeNet.ch
Trachtenmode, Gastro und Hotel,
Landhaus, Souvenirs.
www.wenet.ch

WENGER ✚

Wenger
Gesamte Uhren-Kollektion online
bestellbar.
www.wengershop.ch

Abella
CDs, DVDs, Videos und Software
online bestellen.
www.abella.ch

B&H Sound Media
Die Nummer 1 in Musik und Film mit
Online-Shop.
www.bhsoundmedia.ch

Der CD-Shop der Extraklasse.
www.cede.ch

Coin-Op
Votre spécialiste en jeux video et films
DVD en Suisse.
www.coin-op.ch

Daskaufich.com
DVD- und VHS-Filme.
www.daskaufich.com

Directmedia
CD, DVD, Books, Video, Games, Multimedia and more.
www.directmedia.ch

DJ Theos Latinmusicshop
Online-Shop mit grosser Auswahl an
Latino-CDs.
www.latinomusicshop.ch

Doo Bop
CD- und Vinyl-Import für den
Musikliebhaber.
www.doobop.ch

DVD2.ch
Vermietung und Verkauf von DVDs.
Günstige Preise!
www.dvd2.ch

DVDone
DVDs preiswert online mieten.
www.dvdone.ch

DVD Live
Le site de vente de DVD par corre-
spondance.
www.dvdlive.ch

DVD-Power
Shopping mit Power.
www.dvd-power.ch

DVD-Shop
Top DVD-Sortiment. Filme, Geräte,
Games, Zubehör.
www.dvd-shop.ch

ex libris online

Online-Shop mit Musik, Büchern,
DVD/Video und Software.
www.exlibris.ch

Explora.ch
Multimedia- und Diashows.
www.explora.ch

Grammoton
Musikversand.
www.grammoton.ch

Jazztime CD-Shop
Mehr als 30'000 CDs im Angebot.
Grösstes Lagersortiment im Bereich
Jazz.
www.jazzcd.ch

Jukebox
Fachhandel mit Zugriff auf zwei Millionen CDs / 7000 DVDs.
www.jukebox.ch

K55 MP3-Center
Online-Shop für MP3-Artikel.
www.k55.ch

Music Gallery
Schallplatten und CDs (Oldies und
Raritäten).
www.musicgallery.ch

Musik Hug
Von der CD bis zur MiniDisc - alles,
was es zwischen Klassik, Rock, Pop,
Jazz, Folk gibt - finden Sie bei Musik
Hug, dem grössten Musikhaus der
Schweiz.
www.musikhug.ch

Musikhaus krompholz
Berns grösstes Musikhaus.
www.krompholz.ch

Notarco Virtual Shop
Le plus grand choix de K7, CD, DVD
et jeux vidéos de Suisse romande.
www.notarco.ch

Planet Crash
CD und DVD, An- und Verkauf. CDs
bereits ab 6 Franken.
www.planet-trash.ch

Saitenshop.ch
Saiten und Zubehör für zahlreiche
Saiteninstrumente.
www.saitenshop.ch

Satswiss
Fernsehen über Satellit. Receivers,
Cards, Cams...
www.satswiss.com

SF DRS TV-Club
Videos, unter anderem von den beliebtesten Sendungen.
tvclub.sfdrs.ch

Soundaid Multimedia
Second Hand DVDs, CDs, Games und
vieles mehr!
www.soundaid.ch

Sound Cave
Online-Musikladen.
www.soundcave.ch

SoundVision Fust
Die neuesten CD's, DVD's und Videos.
www.soundvision-fust.ch

Screen shots

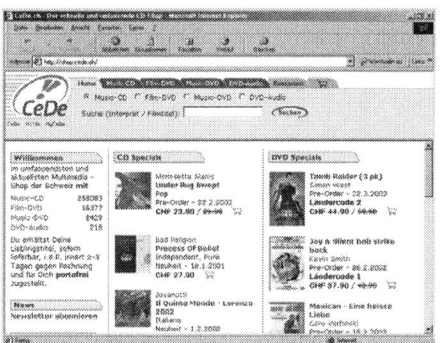

www.cede.ch

www.bhsoundmedia.ch

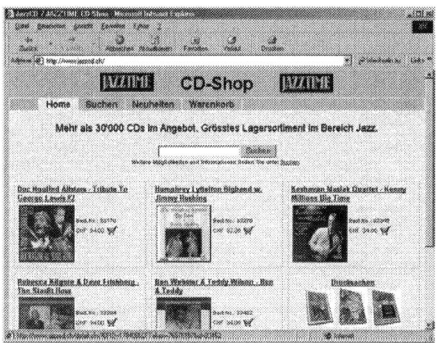

www.jazzcd.ch

Stäheli Interlingua
Materialien zum Lehren und Erlernen
von Fremdsprachen, Zeitschriften,
18000 englische Videos und DVDs.
www.staehelibooks.ch

Star TV Online-Shop
Über 6000 DVDs sowie die neusten
und fettesten Games.
www.startv.ch/shop

TalkMusic.ch
Online-Shop von Jecklin & Fréquence.
www.talkmusic.ch

Used CD
Secondhand Audio-CDs und anbieten
eigener CDs.
www.used-cd.ch

Vinylstore
100% pure vinyl online - Hip Hop,
Funk, Soul, Jazz.
www.vinylstore.ch

Wisler's dvdland
DVDs ab Fr. 13, HC ab 19. Alle Filme
ab Lager lieferbar.
www.dvdland.ch

Wydeo
Videos in deutsch und englisch, PAL
und NTSC.
www.wydeo.ch

Airbrush-Shop
Airbrush-Zubehör von A-Z, Airbrush-Schule.
www.airbrush.ch

AMAG-Boutique
Accessoires von VW, Seat, Skoda, Audi und Porsche.
www.amag-boutique.ch

Armee-Shop
Uhren, Pins, Kleider, Messer, etc.
www.armeeshop.ch

Bastelfun.ch
Hier finden Sie allerlei Bastelmaterial.
www.bastelfun.ch

Beachwear
Attraktive Beachwear für heisse Tage.
www.beachwear.ch

Bike City
Preiswerte Top-Markenprodukte.
www.bikecity.ch

Bike Import
Hier finden Sie das, was andere nicht haben.
www.bike-import.ch

Bike Land
Bikes, Snowboards und Kickboards.
www.bike-land.ch

Bolliger Schuhe + Sport
Sportartikel-Shops verschiedener Marken.
www.adidas-shop.ch
www.erima-shop.ch
www.fila-shop.ch
www.kuenzli-shop.ch
www.nike-shop.ch
www.puma-shop.ch
www.reebok-shop.ch
www.reusch-shop.ch

C&M Sport
Das Sportgeschäft im Internet.
www.cmsport.ch

C-Trade
Shop für Golf-Sets, Computer, Bücher, CDs, etc.
www.ctrade.ch

Dobsom
Sportbekleidung aus besonderem Gewebe.
www.dobsom.ch

Dynamess
Umfangreiches Angebot an Vermessungsgeräten und Zubehör.
www.dynamess.ch

E-Sportshop
Alles für Trendsportarten und Individualisten.
www.e-sportshop.ch

Ecotex
Hier finden Sie Maler-, Gipserwerkzeuge und Profigeräte.
www.ecotex.ch

ECR Pharma
Spezialnahrung für Spitzen-Sportler.
www.ecr.ch

Elysium
Das Tiefschnee-Board für alle Hardcore-
Powder-Boarder.
www.elysium.ch

Fitnessfood
Nahrungsergänzung für Sportler.
www.fitnessfood.ch

Hajk
Die Trekking-Spezialisten.
www.hajk.ch

Hebeisen
Alles, was es zum Fischen braucht.
www.hebeisen.ch

IFFT Switzerland
Ihr Fliegenfischer-Shop mit Top-Events.
www.ifft.ch

Inline-Shop
Alles rund um das Inline Skaten,
Rollen, Weels, Lager, Helme, Brillen
und Schutz.
www.inlineshop.ch

Inside Sports
Erster Schweizer Internet-Sportshop.
www.inside-sports.ch

Move
Alles für die Bike-Tour: Führer, Karten,
CD-ROMs.
www.move.ch

Online-Sport.ch
Alles rund ums Bike.
www.online-sport.ch

Out on Street
Inline, Snowboard, Sport-Fashion.
www.outonstreet.ch

Piz Buch & Berg
Buchhandlung für Alpine Literatu.
www.pizbube.ch

Polar Uhren
Polar Herzfrequenzmesser
www.polar-uhren.ch

Rodel- und Schlitten-Shop
Rodel, Schlitten und Zubehör.
www.schlitten.ch

Rocup Mountain
Berg- und Klettersportgeschäft.
www.rocup.com

Romag AG
Online-Shop für PE-Rohleitungs-
systeme/Formstücke.
www.romag.ch

Schlitten-Shop
Qualitäts-Rodelschlitten.
www.schlitten.ch

Score Golf
Golf-Shop mit interessanten Ange-
boten.
www.score-golf.ch

Singletrail Map Shop
Reiss- und wasserfeste Mountainbike-
Karten.
www.singletrailmap.ch

Simpel.ch
Ein weitgehend wartungsfreies City-
bike direkt übers Internet.
www.simpel.ch

Sportbörse
Virtueller Sportmarkt.
www.sportboerse.ch

Sport-Nahrung
Sport-Nahrung und Health-Food.
www.sport-nahrung.ch

Sportsocken
FALKE-Sportsocken in grosser
Auswahl.
www.sportsocken.ch

S-Sport
Der mobile Sport-Shop.
www.s-sport.ch

SwissMountains.ch
Höhenmesser, Karten, Software, GPS-
Geräte, etc.
www.swissmountains.ch

Topspin
Tennisartikel wie Rackets, Kleider,
Bälle, Saiten, Tennistaschen, etc.
www.topspin.ch

Tauch-Shop
Der Tauch-Shop für alles rund um die
Unterwasserwelt.
www.tauchshop.ch

Tengo
Tennisartikel von A-Z zu interessanten
Preisen.
www.tengo.ch

Toytown.ch
Spiel- und Spielwaren-Angebote Schweizer Online-Shops.
www.toytown.ch

Velo-Direct.ch
Online-Radsportladen mit über 3000
Markenartikeln.
www.velo-direct.ch

Webcomsport
Le sport a son portail.
www.webcomsport.ch

WeNet.ch
Trachtenmode, Gastro und Hotel,
Landhaus, Souvenirs.
www.wenet.ch

Classic Telephon
DER Schweizer Anbieter für klassische Telefone. Über 3000 Geräte an Lager.
www.classictelephon.com

Com2b.ch
Handys ohne Abonnementsverpflichtung zu super günstigen Preisen.
www.com2b.ch

Directhandy.ch
Handys und Handyzubehör zu absoluten Spitzenpreisen.
www.directhandy.ch

Fust
Unterhaltungselektronik, Elektro-Haushalt, Foto/Video, Natel/Telefon, Küche/Bad und Baupartner.
www.fust.ch

GEL Shop
Ihr Partner für Telekommunikation und Informatik.
www.gelshop.ch

Handy-Lädeli
Handy- und Mobilfunk-Zubehör.
www.handylaedeli.ch

Handy-Shop.ch
Handies von Nokia, Motorola und Ericsson.
www.handy-shop.ch

Mats Online
Umfangreiches Angebot an Handy-Zubehör.
www.mats.ch

Mobile Extra
Zubehör für jedes Handy.
www.mobile-extra.ch

Mobileflash
Der neue Gag für Ihr Handy.
www.mobileflash.ch

Mobileversand.ch
Handyzubehör für diverse Marken.
www.mobileversand.ch

MobYphone
Handies und Zubehör verschiedener Hersteller.
www.mobyphone.ch

Myhandy.ch
Handy Online-Shop mit grosser Auswahl an bekannten Marken.
www.myhandy.ch

PocketStore
Votre référence en matière d'ordinateurs de poche.
www.pocketstore.ch

Swiss Handy Shop
Hier finden Sie aktuelle Hand-Angebote!
www.handy-shop.ch

swisscom

Swisscom eShop
Der Online-Shop der Swisscom.
www.swisscom.com/eshop

A Glass Of Wine
Spezialist für Weine aus Südafrika.
www.aglassofwine.ch

American Wines Factory
Grosses und spannendes US-Angebot.
www.americanwines.ch

Austrian Wine
Weine und Spezialitäten aus Österreich.
www.austrianwine.ch

Barossa
Weine aus Australien, Neuseeland,
Südafrika, Amerika.
www.barossa.ch

Caratello
Wunderbare Weine aus Italien zu vernünftigen Preisen.
www.caratello.ch

Carreras
Weinkultur aus Südeuropa & Übersee.
www.carreras.ch

Casa Del Vino
Gehört zu den versiertesten Händlern
spanischer Weine.
www.hausdesweins.ch

Cigar Corner
Online-Shop für brasilianische Edelzi-
garren.
www.cigarcorner.ch

Cigar Shop
Alles für den Cigar Aficionado zu Tiefpreisen.
www.humidor.ch

Cigarnet
Auswahl an über 200 Zigarren.
www.cigarnet.ch
Coop Galerie du Vin
Edle Tropfen und Wissenswertes rund
um den Wein.
www.galerieduvin.ch

Flutlicht
Shopping-Mall mit 40 designorienti-
erten Shops.
www.flutlicht.ch

GLOBUS

Globus Weine
Das Besondere im Alltag.
www.globus.ch

GrandBoise.com
Achetez les meilleurs vins des cotes de
provence.
www.grandboise.com

Greder Weine
Internationale Auswahl an Qualitäts-
weinen.
www.grederweine.ch

Habana-Net
Alles über Habano-Zigarren, mit
Online-Shop.
www.habano.ch

Hofmanns Classics
Zigarren aus 12 verschiedenen
Ländern, davon alleine 30 kuba-
nische Marken.
www.hofmanns-classics.ch

Ibervinos
Die beste Adresse für spanische
Weine.
www.ibervinos.ch

Le Cigarbox
Zigarren aus Kuba, Brasilien und der
Dominikanischen Republik.
www.le-cigarbox.ch

Leyvraz
Une gamme étendue de vins con-
formes à la réputation de la région.
www.leyvraz.ch

Martel
Umfassendes Sortiment zahlreicher
Länder.
www.martel.ch

Mövenpick Weine
Weine und Spirituosen.
www.1-wein.ch

SCHUBI Weine
über 2700 Sorten Weine und Spirituosen aus aller Welt. Alle Jahrgänge
ab 1900.
www.schubiweine.ch

Schüwo Getränke
Weine, Champagner, Spirituosen,
Biere, Geschenke etc.
www.schuewo.ch

Tabak Shop
Zigarren, Pfeifen, Humidore, Tabak
und Zubehör.
www.tabakshop.ch

Tre-vi Prosecco D.O.C.
Tre-vi Prosecco ist ein Synonym für
Qualität und italienischen Lifestyle.
www.tre-vi.com

Vinochile
Weine aus Chile.
www.vinochile.ch

Vinoversum
Ausgesuchte Spezialitäten aus verschiedenen Ländern.
www.vinoversum.ch

Wein-Geschenke
Persönliche und ausgefallene
Geschenke um den Wein
www.wein-geschenke.ch

World Wine Web
Edle Tropfen aus aller Welt.
www.worldwineweb.ch

Wunderle
Champagner und erlesene Weine aus
aller Welt.
www.wunderle.ch

WineStar.com
Weine, Delikatessen, Zigarren und
viele Geschenke.
www.winestar.com

www.digitalhome.ch/gamehome